186863

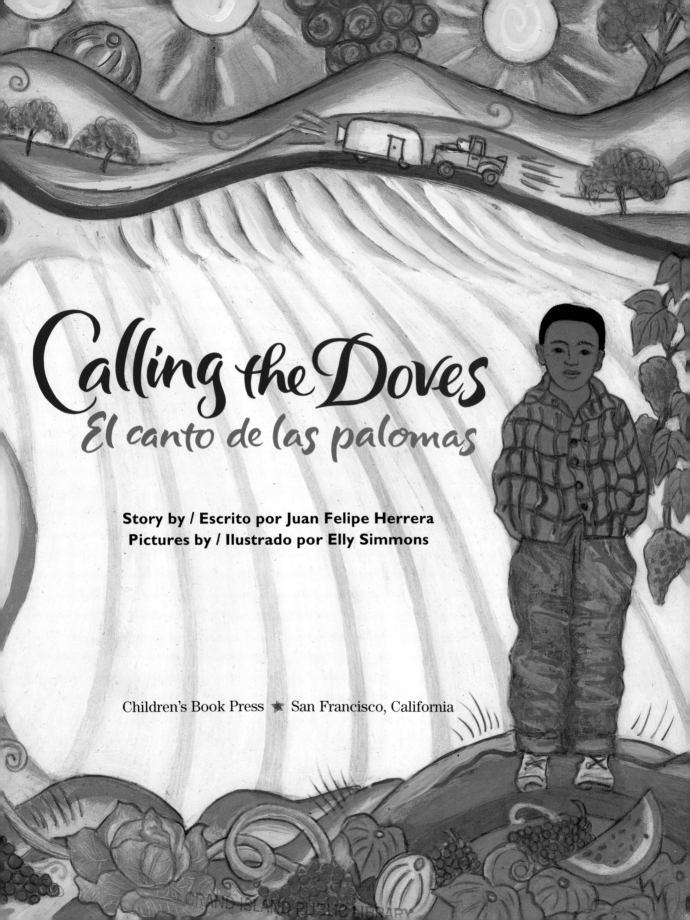

Calling the Doves
El canto de las palomas

Story by / Escrito por Juan Felipe Herrera
Pictures by / Ilustrado por Elly Simmons

Children's Book Press ★ San Francisco, California

I was born in the tiny town of Fowler—
"the raisin capital of the world."
My mother and father were farmworkers,
and I grew up travelling with them
through the mountains and valleys of California.

This book is dedicated to my mother Lucha
and my father Felipe, who loved the open sky
and the earth when it is tender.
They taught me that inside every word
there can be kindness.

Nací en el pequeño pueblo de Fowler—
"la capital mundial de pasas".
Mi mamá y mi papá fueron campesinos
y yo crecí recorriendo con ellos
las montañas y los valles de California.

Dedico este librito a mi madre Lucha
y a mi padre Felipe, quienes amaban el cielo del campo
y la tierra cuando se pone tierna.
Ellos me enseñaron que dentro de cada palabra
existe una sonrisa.

"You were born on the road, like your father."

My mother would tell me this
when we had to move on to another labor camp.

My mother Lucha, my father Felipe, and me.

I would gaze across the fields at the *campesinos*—
the farmworkers—as my father drove our old army truck
through the backroads of California.

In their bright colors, *campesinos* dotted
the land like tropical birds.

"Naciste en el camino, como tu papá".

Mi mamá me decía esto
cuando teníamos que mudarnos a otro campo de labor.

Mi mamá Lucha, mi papá Felipe y yo.

Divisaba a los campesinos trabajando en los files
mientras mi papá manejaba nuestra vieja troca del Army
por los caminos olvidados de California.

Con su ropa brillante, los campesinos le daban color
al campo como aves tropicales.

Wherever we stopped, we set up a *carpa*—a tent.
My father would pull out a thick green canvas,
like a giant tortilla dipped in green tomato sauce.
Mamá would unroll it while we looked for branches
to pin the ends into the ground.

We slept huddled together under blankets and quilts.
I would look up and see the stars sparkle through
the tiny holes of the canvas.

Cuando parábamos, hacíamos una carpa.
Mi papá sacaba una lona gruesa y verde
como una tortilla gigante remojada en salsa de tomatillo.
Mamá la extendía mientras buscábamos varitas
para clavar sus cuatro puntas en el suelo.

Dormíamos arrecholados, juntos bajo cobijas y sarapes.
Bocarriba yo contemplaba las estrellas que centelleaban
más allá de los agujeritos de la carpa.

My mother would cook breakfast outside, in the open.
Huevos con papas—scrambled eggs or fried eggs with potatoes.

A frying pan, a griddle to cook the tortillas,
and a jar of forks and knives—
these were the necessary ingredients.
And, of course, wood for the fire.

The sky was my blue spoon,
the wavy clay of the land was my plate.

Mi mamá cocinaba el desayuno al aire libre.
Huevos con papas o huevos revueltos.

Una sartén, un comal para las tortillas
y un frasco con tenedores y cuchillos—
éstas eran las cosas necesarias.
Y, claro, leña para el fuego.

El cielo era mi cuchara azul
y el barro tierno de la tierra era mi plato.

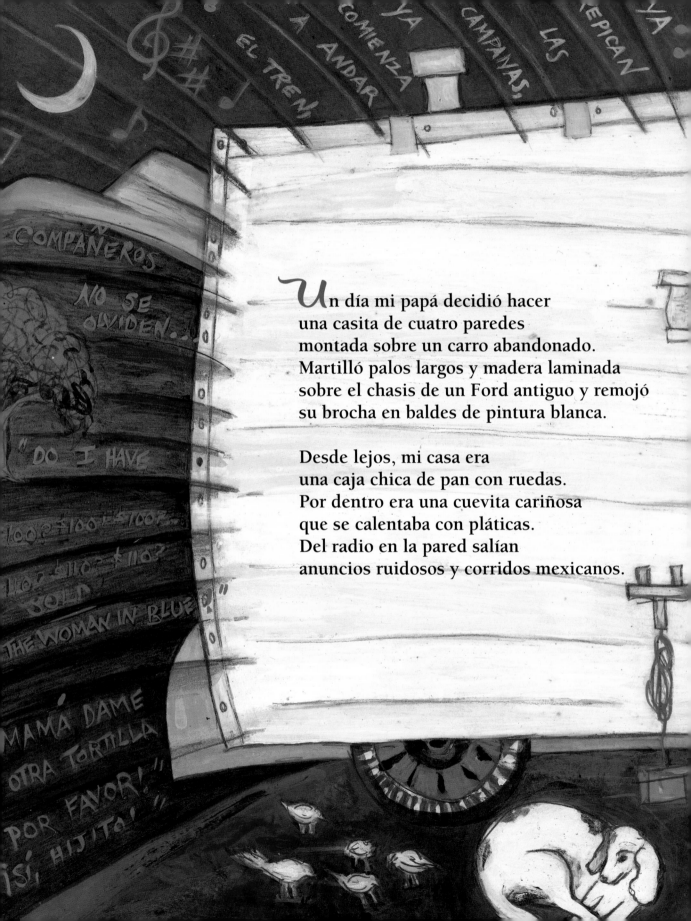

Un día mi papá decidió hacer
una casita de cuatro paredes
montada sobre un carro abandonado.
Martilló palos largos y madera laminada
sobre el chasis de un Ford antiguo y remojó
su brocha en baldes de pintura blanca.

Desde lejos, mi casa era
una caja chica de pan con ruedas.
Por dentro era una cuevita cariñosa
que se calentaba con pláticas.
Del radio en la pared salían
anuncios ruidosos y corridos mexicanos.

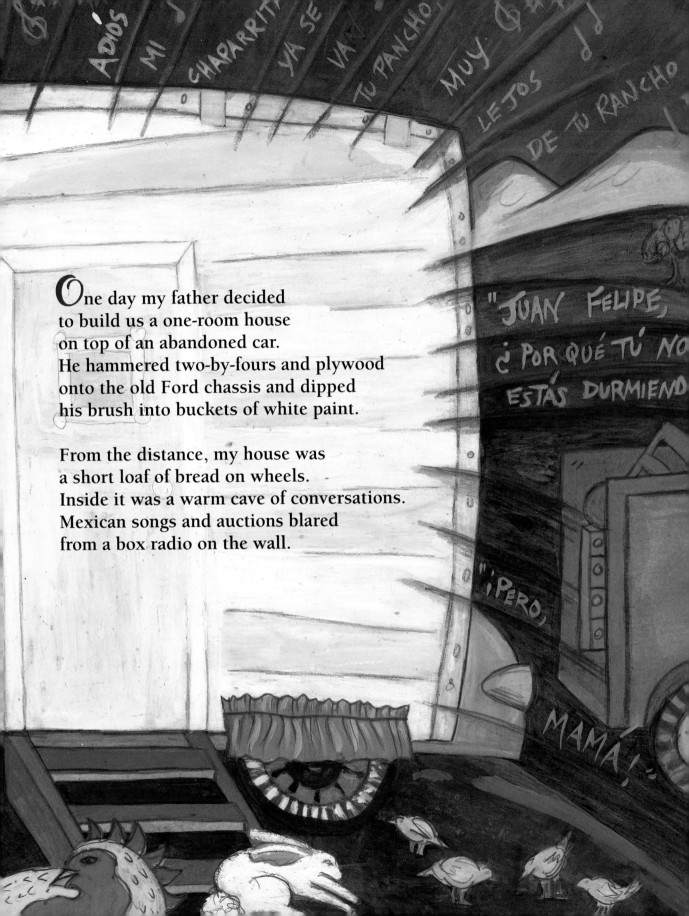

One day my father decided
to build us a one-room house
on top of an abandoned car.
He hammered two-by-fours and plywood
onto the old Ford chassis and dipped
his brush into buckets of white paint.

From the distance, my house was
a short loaf of bread on wheels.
Inside it was a warm cave of conversations.
Mexican songs and auctions blared
from a box radio on the wall.

ADIÓS MI CHAPARRITA YA SE VA TU PANCHO, MUY LEJOS DE TU RANCHO

"JUAN FELIPE, ¿POR QUÉ TÚ NO ESTÁS DURMIENDO?

"¡PERO, MAMÁ!"

One time we visited friends in Fowler for a couple of months.
I took my baths in a giant tin bucket in the middle of the yard
surrounded by four family trailers.

While she scrubbed my arms,
my mother sang about *Mexicanos* crossing the Texas border.
I hummed along and splashed the water. A thin wooden
Protestant church leaned to one side behind the trailers.

Our dirt patio
was a sand-colored theater
where I learned to sing.

Una vez visitamos a unos amigos en Fowler por un par de meses.
Tomé mis baños en una tina de hojalata en medio de la yarda
rodeada por cuatro familias en sus trailas.

Mientras me tallaba los brazos,
mi mamá cantaba de los mexicanos que cruzaban la frontera de Texas.
Yo seguía la canción y salpicaba el agua. Una iglesia protestante
hecha de madera frágil se ladeaba detrás de las trailas.

Nuestro patio de barro
era un teatro vestido de arena
donde aprendí a cantar.

At noon time,
on a lunch break from driving the tractor,
my father made bird calls.

He would put his hands up to his mouth
and whistle deeply as if he had a tiny clarinet
inside the palms of his hands.

"This is how a dove sings," my father would say.

Sooner or later a real dove would fly in
and perch itself on a nearby tree.

Al mediodía,
en su descanso, cuando dejaba de manejar el tractor,
mi papá llamaba a los pájaros.

Poniendo sus manos sobre la boca,
chiflaba muy hondo como si tuviera un pequeño clarinete
entre las palmas de sus manos.

"Así canta la paloma", decía mi papá.

Tarde o temprano llegaba una paloma del campo
y se paraba en un árbol cercano.

Sometimes my mother would surprise us at dinner
by reciting poetry.

Over a plate of *guisado* (a spicy tomato stew)
and a hard flour tortilla, she would rise to her feet
with her hands up as if asking for rain.

Rhyming words would pour out of her mouth
and for a moment the world would stop spinning.

De vez en cuando mi madre nos sorprendía en la cena
recitando poesía.

Mientras cenábamos un platillo de guisado y una tortilla dura
de harina, se paraba de puntillas, con las manos levantadas,
como si pidiera lluvia a las nubes.

De sus labios brotaban palabras melodiosas
y por un momento el mundo entero dejaba de girar.

After dinner and after our few traveling chickens
had gone to roost, my father would play the harmonica
and tell stories about coming to the States
from Chihuahua, Mexico.

"My mother died while giving birth and my father died from
hard labor," he would say. "I was only fourteen when I jumped
the train to come to the United States, to *El Norte*.
I had heard how I could ride horses in Wyoming,
but when I got there it was so cold
that my spit turned to ice when it hit the ground."

Después de la cena y después de que nuestras pocas gallinas viajeras
corrían a sus estacas, mi padre tocaba su armónica
y nos contaba cómo había salido de Chihuahua, México,
y cómo había llegado a los Estados Unidos.

"Mi amá falleció mientras yo nacía y mi apá murió de cansancio
en los campos", él nos decía. "Sólo tenía catorce años cuando salté
al tren para venirme a los Estados Unidos, al Norte.
Me habían dicho que podía montar caballos en Wyoming,
pero al llegar allí, hacía tanto frío que al escupir
la saliva se hacía hielito al chocar con la tierra".

My mother was a healer.

When a fast sparrow would crash into our square house,
Mamá would pick it up gently and rub its head
with alcohol and eucalyptus tea.

Sometimes she would visit the neighborhood children who were sick.
"For a fever," she would tell me, "you need *plantillas* for the feet."

"First you mix shortening and baking soda in a bowl.
Then you rub this on the legs and feet. Gently, you wrap
the feet with newspapers."

In the morning, cool and surprised, the children would jump
out of bed in their squeaky paper boots.

Mi mamá era una curandera.

Cuando un gorrión chocaba contra nuestra casita cuadrada,
mi mamá lo cogía con mucho cuidado y le sobaba la cabecita
con alcohol y té de eucalipto.

A veces visitaba a los hijos enfermos de los vecinos.
"Para la calentura", me decía, "se necesitan plantillas, para los pies".

"Primero, en un plato hondo, se mezcla la manteca con espauda.
Luego se la untas a las piernas y los pies. Con cuidado, envuelves
los pies en unos periódicos".

En la mañana, frescos y sorprendidos, los niños saltaban
de sus camas en sus ruidosas botas de papel.

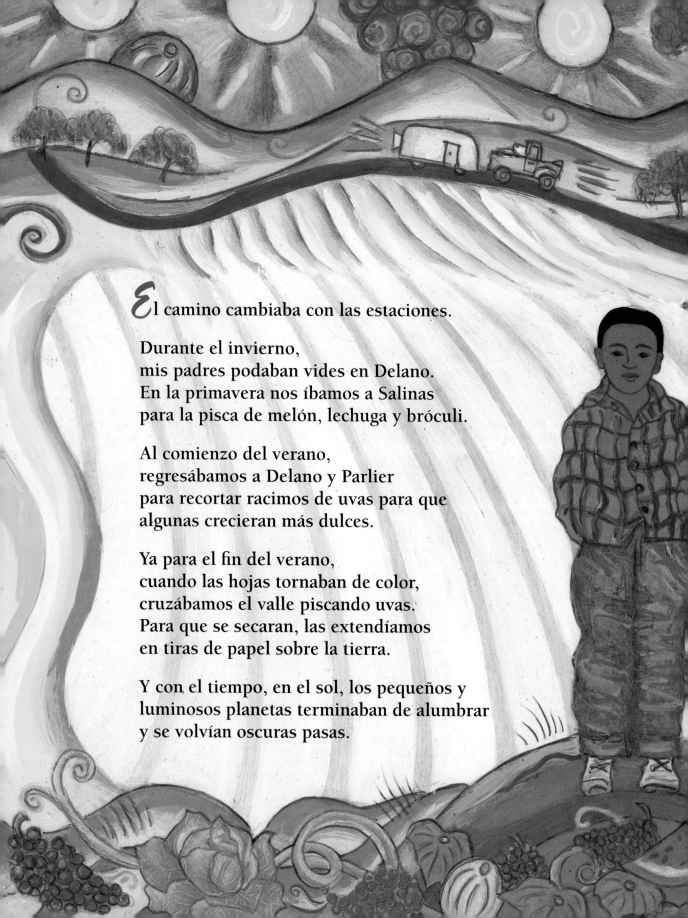

*E*l camino cambiaba con las estaciones.

Durante el invierno,
mis padres podaban vides en Delano.
En la primavera nos íbamos a Salinas
para la pisca de melón, lechuga y bróculi.

Al comienzo del verano,
regresábamos a Delano y Parlier
para recortar racimos de uvas para que
algunas crecieran más dulces.

Ya para el fin del verano,
cuando las hojas tornaban de color,
cruzábamos el valle piscando uvas.
Para que se secaran, las extendíamos
en tiras de papel sobre la tierra.

Y con el tiempo, en el sol, los pequeños y
luminosos planetas terminaban de alumbrar
y se volvían oscuras pasas.

The road changed with the seasons.

In the winter, in Delano,
my parents trimmed grape vines.
By springtime we headed to Salinas
for the picking of melon, lettuce and broccoli.

When summer began
we drove back to Delano and Parlier
to prune the grapes so that a few
would grow the sweetest.

By the end of summer,
as the leaves turned colors,
we traveled through the Valley
picking the grapes.
We laid them out on the ground to dry
on long sheets of paper between the vines.

In time, with the sun,
the tiny fiery planets would stop glowing
and shrink into dark raisins.

In the mountain valleys around Lake Wolfer,
my father would get paid in sacks of sweet potatoes
and buckets of fresh water fish instead of money.

He worked for old retired people
like Mr. Kelly the Irishman, who paid him with live rabbits,
and Mrs. Jameson, who paid him in trays of corn bisquits.
Instead of toys he would bring home bags of avocados
and flying turkeys.

The turkeys shook their red noses
and flapped their peppery feathers and ran after me.

En los valles montañosos de Lake Wolfer
le pagaban a mi padre con sacos de camotes
y baldes de peces de agua dulce en vez de dinero.

Él trabajaba para gente jubilada
como el señor Kelly, el irlandés, que le pagaba con conejitos vivos
y la señora Jameson, que le pagaba con charolas de bísquetes de maíz.
En vez de juguetes, mi papá traía a casa bolsas de aguacates
y guajolotes voladores.

Los guajolotes sacudían sus narices rojas,
desplegaban sus plumas grises y me correteaban.

I loved the night.

"Can you hear the wolves in the mountains?"
my mother would ask me.

The wolves were the mountain singers. I imagined them
sniffing at the moon. In long howls and high notes they
cried in the dark like lost children.

I would cup my hands to my mouth
and join them.

Yo amaba la noche.

"¿Oyes a los lobos en las montañas?"
me preguntaba mi mamá.

Los lobos eran los cantantes de las sierras. Me los imaginaba
olfateando a la luna. Con sus prolongados aullidos y altas notas,
parecía que lloraban en lo oscuro como niños perdidos.

Poniendo mis manos como jícaras sobre mi boca,
yo me unía a los lobos.

A *fiesta* in the mountains was a rare treat.
The other *campesinos* would invite us. They worked as gardeners
like my father or housekeepers like my mother.

We would gather under a large *carpa* as big as a circus tent
huddled up against a mountain slope. I remember stove fires,
guitars and my father's harmonica, and sweet tortillas the size
of my hand that tasted like licorice candy.

The men would lift me up in their arms and offer me
churros con canela y azúcar—Mexican donuts with
cinnamon and sugar.

It was a home-made city of brown faces
with smiles and music.

Una fiesta en las montañas era un raro placer.
Los otros campesinos nos convidaban. Trabajaban en los jardines
como mi papá o en las casas como mi mamá.

Nos reuníamos bajo una carpa inflada como las del circo,
arrecholados al lado de la montaña. Me acuerdo de las estufitas
y su fuego, las guitarras, la armónica de mi papá y las tortillas dulces
del tamaño de mi mano que sabían a anís.

Los hombres me subían en sus brazos y me ofrecían
churros con canela y azúcar.

Era una ciudad de rostros morenos
creada por todos, con música y sonrisas.

"It's time to settle down. It's time Juanito goes to school,"
my mother finally said to my father.

I was eight years old and I had gathered the landscapes
of the Valley close to my heart:
my father curling a tractor around the earth,
my mother holding her head up high with song.

Our little square loaf house swerved down the spiral
of the mountains into the cities of Southern California.

As the cities came into view, I knew
one day I would follow my own road.
I would let my voice fly the way my mother recited poems,
the way my father called the doves.

"Ya es tiempo de asentarnos. Es hora que Juanito
vaya a la escuela", al fin le dijo mi mamá a mi papá.

Tenía ocho años y ya había recogido los paisajes
del valle cerca de mi corazón:
con su tractor, mi papá le daba vueltas a la tierra,
con sus canciones, mi mamá levantaba su cara al sol.

Nuestra casita rodante bajaba en espiral
de las montañas hacia las ciudades del Sur de California.

Cuando las ciudades estaban a la vista, yo sabía
que algún día yo iba a seguir mi propio camino.
Mi voz volaría como los poemas que recitaba mi madre,
como el canto de las palomas que me enseñó mi padre.

Dedicated to the memory of Cesar Chavez and in honor of the work of the United Farmworkers Union. For John and Maralisa with love.
— *Elly Simmons*

JUAN FELIPE HERRERA is one of the most prominent Mexican American poets writing today. The award-winning author of five books of poetry, he is also an actor, a musician, and a popular professor at California State University at Fresno. He lives with his family in Fresno, California.

ELLY SIMMONS is an internationally-exhibited painter. Her first picture book for Children's Book Press, *Magic Dogs of the Volcanoes*, by Manlio Argueta, was highly praised for its rich colors and magnificent imagery. She lives with her family in Lagunitas, California.

Story copyright © 1995 by Juan Felipe Herrera. All rights reserved.
Pictures copyright © 1995 by Elly Simmons. All rights reserved.
Editors: Harriet Rohmer and David Schecter   Consulting Editor: Francisco X. Alarcón
Design and Production: Armagh Cassil   Hand lettering: Jane Dill

Thanks to Gigi and Heidi for wonderful child care so Elly could paint.

Children's Book Press is a nonprofit publisher of multicultural and bilingual literature for children, supported in part by grants from the California Arts Council. Write us for a complimentary catalog. Children's Book Press, 2211 Mission Street, San Francisco, CA 94110 www.childrensbookpress.org.

Library of Congress Cataloging-in-Publication Data
Herrera, Juan Felipe
Calling the Doves = El canto de las palomas / story by Juan Felipe Herrera:
pictures by Elly Simmons. p. cm. English and Spanish.
Summary: The author recalls his childhood in the mountains and valleys of California
with his farmworker parents who inspired him with poetry and song.
ISBN 0-89239-166-9 1. Herrera, Juan Felipe — Childhood and youth — Juvenile literature.
2. Herrera, Juan Felipe — Homes and haunts — California — Juvenile literature. 3. Children of migrant laborers —
California — Juvenile literature. 4. California — Social life and customs — Juvenile literature. 5. Mexican American families —
California — Juvenile literature. 6. Agricultural laborers — California — Juvenile literature. {1. Herrera, Juan Felipe.
2. Authors, American. 3. Mexican Americans — Biography. 4. Migrant labor — California. 5. Spanish language materals —
Bilingual.} I. Simmons, Elly, ill. II. Title. III. Title: El canto de las palomas.
PS3558.E74Z464 1995   811'.54—dc20
[B]   94-45901   CIP AC

Elly Simmons used colored pencils, casein, and acrylic paints on rag paper to create the artwork in this book. The type is 14.5 pt. Berkeley Bold.
Jacket art copyright © 1995 by Elly Simmons

Printed in Hong Kong through Marwin Productions.
10   9   8   7   6   5
Distributed to the book trade by Publishers Group West
Quantity discounts are available through the publisher for educational and nonprofit use.